LOCO MURANO

Antonio Herrera Tomás

Aliarediciones

Corrección: Eladia Guerrero
Diseño de cubierta: Pablo Arellano
Maquetación: Aliar Ediciones

Depósito Legal: GR 892-2025
ISBN: 979-13-87823-41-2

Impreso en España

Edita
ALIAR Ediciones
www.aliarediciones.es
info@aliarediciones.es

LOCO MURANO

Antonio Herrera Tomás

Dedicado a mi madre y a mi padre.

Porque nos derrota ahora el despertar
a una vida que ya no es nuestra,
desvelamos lento el traspasar de la luz
a través de nuestros temerosos ojos.

Prólogo

El primer bloque de estos poemas lo escribí sintiendo a una mujer a la que quise muchísimo; después de que se marchara de mi lado, de tanto pensar en ella surgieron más de cien poemas escritos de forma ordenada en el tiempo del día a día posterior a ella, aunque de manera muy desordenada en cuanto a su intensidad emocional y especialmente caótica en lo referente al momento reflejado por cada poema de entre todos los vividos durante la breve relación que dicha musa y yo mantuvimos. Es por eso por lo que el orden finalmente dispuesto en esta edición procede de un meticuloso trabajo de cartografía sentimental y relacional, al situar cada grupo de versos en torno a tres episodios diferentes de una trama argumental de género romántico: inicio o enamoramiento, desarrollo del amor y desenlace o ruptura de pareja. De manera que la primera parte del libro consiste en un poemario secuenciado que sigue una sinopsis narrativa reflectora de los sentimientos que aquella hermosa mujer me hizo experimentar, y que ignora por completo el orden temporal en que los diferentes textos salieron de mi corazón.

El poemario en cuestión pasó por etapas diversas, no siempre muy respetuosas con su versión original; así, hubo un terrorífico estadio de versos artificiosamente extendidos en una suerte de maquillaje exuberante e innecesario; años después, el trabajo consistió en deconstruir para llegar al extremo contrario, generando (esta vez sí) una beneficiosa versión en clave de haikus que fueron enviados a cierto certamen del citado género sin éxito alguno.

Finalmente, fue desechado todo artificio y disfraz emocional con el objetivo de salvaguardar exclusivamente lo más minimalista de un estilo y forma de hacer poesía a la asiática; que además exigiera, por parte del lector, un tiempo de reflexión no inferior al minuto tras la lectura de cada poema.

Y así, por aquello del minutaje, pero de manera natural y sin ambages, nació el título de dicho trabajo: «90 minutos, un largometraje»; porque en primer lugar reunía solamente los noventa poemas que mejor reflejan lo que fue aquella bonita historia de amor, y en segundo lugar porque pretendía llegar al lector como llega una película acerca de la pasión entre dos personas que se aman, con sus tres actos —que también los tiene el poemario en sí—; y hablando de historias, y hablando de amor, a la hora de elegir el título también hice lo posible porque este reflejara mi pasión por el cine —insisto en que las tres fases del poemario pretenden asemejarse a la estructura de una obra audiovisual— y lo que siempre consideré la duración ideal de una película: hora y media.

Finalmente, y cuando ya contaba con noventa minutos montados en mis páginas digitales, decidí limpiar por segunda vez, haciendo desaparecer varios títulos, de forma que el lector se encontrará, por ejemplo, con que el poema nombrado como «Minuto 4» precede al poema denominado «Minuto 6» sin toparse con el quinto minuto en ningún momento (pues este quedó fuera del filtro definitivo), siendo estos los poemas 95 y 34 respectivamente en atención al orden en que nacieron; o que el «Minuto 90», último del tomo, fue en realidad el primero que escribí y sin embargo refleja mejor que ningún otro el dolor de un desamor posterior al amor.

Desvelando influencias temáticas y estilísticas no será necesario tener mucha costumbre en la lectura de versos para percibir que tras estos poemas se esconden (no de forma muy escondida, más bien lo contrario) las creaciones poéticas de Pedro Salinas, Miguel Hernández, Julio Cortázar y (sobre todo) Ángel González y Vicente Gallego. Eso por referirme a influencias propiamente literarias, porque en el ámbito musical también es fácil para quien escuche canción de autor y *rock* urbano identificar muchos de estos versos con Rafael Berrio (el ya fallecido cantautor vasco), Abraham Boba (*frontman* de la banda León Benavente), Robe Iniesta (letrista de Extremoduro), Diego Vasallo (exmiembro de Duncan Dhu con ulterior carrera solista), Luis Eduardo Aute y Leonard Cohen, poeta y músico vanguardista a partes iguales. A todos ellos les debo tal respeto y admiración que jamás osaría intentar igualarlos en nada referente a la creación artística; pero sí es cierto que de unos y otros tomo prestadas las siguientes aportaciones e ideas: el amor como salvación, pero también como mal necesario cuando mal se hace el amor, un amor imprescindible precisamente para salvarse de todo lo malo; el desamor y el dolor de la ruptura; la técnica e imágenes adecuadas para escribir de forma elegante, pero de manera descarnada, acerca del sexo y del deseo; la forma en que cito a mi musa, al menos a la musa de la primera parte de este volumen; los adjetivos —a veces de camuflaje y otras veces no tan velados— con que adjetivar la enfermedad emocional; y por último, pero probablemente en más importante lugar, el uso de ciertas imágenes. Quede ahí, como ejemplo de lo expuesto, el «Minuto 87» (o poema 6.º, porque fue el sexto que escribí), y que dice así:

Sí, la quise, ahora sé cuánto:
estaciones, años, lustros, décadas...
Pero ella jamás me dio tanto tiempo.

Que casi parece un plagio —aunque desde el respeto, más bien diría yo que es una potente influencia— de estos versos de González:

Cómo dudar que nos quisimos,
que me seguía tu pensamiento
y mi voz te buscaba —detrás,
muy cerca, iba mi boca—.
Nos quisimos, es cierto, y yo sé cuánto:
Primaveras, veranos, soles, lunas.

Pero jamás en el mismo día.

Vuelve a aparecer el poeta de Oviedo (desde los versos «Tu pensamiento me hace inteligente, y en tu sencilla ternura, yo soy también sencillo y bondadoso») en el comienzo siguiente:

Tú, con tu tierna elegancia,
me haces más tierno y elegante...

Además, el Neruda de los *Veinte poemas de amor y una canción desesperada* se encuentra aquí influyente en versos como:

No puedo ser más sincero esta noche;
no puedo evitar decirte, por ejemplo...

En cualquier caso, más allá de influencias con ínfulas aparte, y tal y como antes sugerí, es mi recomendación que lean cada poema, lo disfruten, lo saboreen y reflexionen sobre él durante sesenta segundos; y que pasen al siguiente. Además, tienen la oportunidad de adentrarse en esta parte del libro por dos caminos distintos: por el orden en que los poemas están editados (minuto tras minuto indicado), o por el orden en que fueron originalmente escritos, consultando el índice que a tales efectos consta al final de este volumen. Y que me perdonen aquellas personas que, al igual que yo, admiran la obra de Cortázar y la que en su momento fue considerada «la novela del futuro», no por pertenecer al género de la ciencia ficción futurista —que no lo es—, sino por su manera de ofrecerse a los lectores en cuanto al orden bimodal de lectura; naturalmente, me refiero a *Rayuela*, pues mi propuesta es precisamente la de un poemario que pueda —como la novela citada— leerse por dos rutas diferentes: la secuencial y la temporal; la primera permite seguir el curso de la historia romántica que generó los poemas, la segunda ofrece la posibilidad de volver a los orígenes del autor —es decir, yo mismo—, accediendo al primigenio orden temporal en que los poemas fueron creados.

En cuanto al segundo manuscrito, que en realidad fue el primero de esta dupla en cuanto al momento de su composición, cabe destacar que donde lean «infierno» o «pesadilla» deben entender «depresión», porque sí, llevo veinte años luchando contra esta enfermedad que de vez en cuando me visita para quedarse conmigo durante una horrible y larga temporada; la última vez, las nada divertidas vacaciones en mi casa por parte de mi noble y persistente archienemiga se prolongaron sin permiso alguno por mi parte durante doce oscuros meses; y en relación a ese arduo viaje emocional escribí veinte poemas que acabaron convertidos primero en un regalo hacia la persona que me acompañó día y noche en esa infernal odisea, después en un disco de música de autor cuando el compositor canario Fran Chinea me pidió material literario para musicarlo en forma de larga canción sin cortes, y que llevó por título *20 poemas para un ave* (primer nombre del poemario en sí), y posteriormente en el poema gigante aquí recogido, que es un texto poético unitemático sobre mi experiencia de entrada, largo y sinuoso camino, y finalmente dulce supervivencia a la depresión.

Demasiado loco para estar enfermo;
tan delicado como el cristal, no parecía humano;
así fue que me llamaron loco murano.

Antonio Herrera, primavera de 2025

90 MINUTOS, UN LARGOMETRAJE

Su nombre es Cristina,
y existen muchas razones que la hacen única;
por eso empecé a llamarla Crisúnica;
con ella, noventa minutos se me hacen escasos
y los largometrajes me parecen cortos.

ACTO I
INTRODUCCIÓN

De pronto y de tarde, me sentí tan feliz
que hasta sentí miedo pronto y tarde.

MINUTO 3. [POEMA 9.º]

Apenas se aprecia en la fotografía,
pero hoy el crepúsculo
es del color de tu piel.

MINUTO 4. [POEMA 95.º]

Que se desnude tu ombligo
un día cualquiera del estío.

MINUTO 6. [POEMA 34.º]

A veces me miras
como si yo fuera el letrero de alquiler
correctamente centrado en la ventana
de un apartamento concéntrico.
Entonces, cual escaparate minimalista
pero grávido e imantado,
acaparo toda tu atención
sin necesidad de extenderte
mi número de teléfono.

MINUTO 8. [POEMA 91.º]

Tú sola,
con un grácil movimiento de cabello,
detienes a golpe de melena
el tráfico fluido y constante
de una autopista a cinco carriles
en hora punta de día a punto.

MINUTO 9. [POEMA 28.º]

Tu pelo es una marea que alguna mañana
mezclarás con el Pacífico del Cono Sur.
Yo te miraré tiritando desde la orilla.

MINUTO 10. [POEMA 71.º]

Todo mote cariñoso queda olvidado
cuando pronuncias mi nombre:
algo en mí se ilumina de pronto
como si presionaras el interruptor
en una lámpara de noche.

MINUTO 11. [POEMA 101.º]

Acaricié tus manos
en aquel preciso instante
en que parecía que el tiempo
retorcía nuestros dedos
y multiplicaba los minutos,
como se requiebran y suceden
las órbitas de planetas y satélites
en este frío sistema solar.

MINUTO 12. [POEMA 2.º]

Mordí tu boca
al abrir la mía
y no verte.

MINUTO 13. [POEMA 40.º]

La mesa de la cocina
fue por espacio de unas horas
nuestra cama de matrimonio.

MINUTO 14. [POEMA 27.º]

Como si de una reacción química se tratara,
mi ecosistema se revela cada vez que, al oído,
constato tus constantes vitales; y, de hecho,
sí: se trata de una peligrosa
reacción química que deflagra
en millares de fórmulas y nomenclaturas
nunca publicadas en revistas de ciencias.

MINUTO 15. [POEMA 19.º]

Una vez ascendidos mis ojos ascendentes
en tus labios ascensores,
pulso el botón del ático
para ascender al interior
de tu ascendida boca.

MINUTO 16. [POEMA 48.º]

En mi dormitorio,
donde el reloj de pared
marca una hora
menos que en el tuyo,
estoy a una canción de ti;
espérame en el espacio existente
entre una pista y la siguiente;
cuando llegue el silencio
estaremos en la misma habitación
y ambos pulsaremos el «StandBy».

MINUTO 17. [POEMA 44.º]

Un ejército de pasiones
me conduce a ti:
con su redoble de tambores
y disparos al aire,
la tropa pretende intimidarte;
ilusos, no saben que eres tú
quien intimida a las piedras del camino.

MINUTO 18. [POEMA 53.º]

Tus manos modifican
la trayectoria del mar,
qué no harán conmigo.

MINUTO 19. [POEMA 11.º]

Con el tiempo te has vuelto de miel,
te has vestido del color de tu piel;
desearías ser la esperanza del mundo,
pero solo eres reina de abejas,
y esta tiene su aguijón;
recuerda no clavarlo en mi corazón.

MINUTO 20. [POEMA 52.º]

Cuanto más avancemos,
más nos saciaremos,
y tú volverás a alejarte
como la marea que va.

MINUTO 21. [POEMA 93.º]

Por hacer,
por no hacer;
nos dejamos de hacer.

MINUTO 22. [POEMA 3.º]

Tú no me dejaste,
yo no te dejé,
tú y yo nos dejamos: tú por hacer,
yo por no hacer nada para impedirlo.

ACTO II

NUDO

Y me mantuve firme en la idea estoica
de salvaguardar contra viento y marea
mi ya indigna dignidad, y fue
por eso que no te dije que te quiero.

MINUTO 23. [POEMA 10.º]

De tan poco que te voy a dar,
irás buscando el calor entre las piedras.

MINUTO 24. [POEMA 26.º]

No debiste hacerlo:
prender la mecha,
encender la llama,
avivar el fuego...
Llenar de esperanza mi vacío.

MINUTO 25. [POEMA 13.º]

Tú, amor, eres mi pandemia.

MINUTO 26. [POEMA 14.º]

Abandonado,
me dejaste abandonado
como a un perro
en vacaciones de verano;
tu rastro en la cuneta
de una carretera desierta
fue lo único que me permitió
volver a verte, pero de lejos...

MINUTO 27. [POEMA 97.º]

Vivo pendiente de cada uno
de tus ingrávidos gestos,
de cada suave movimiento de tus manos,
de cada sonrisa eterna en tu boca;
vivo pendiente de todo lo que te hace
próxima y distante a la vez.

MINUTO 28. [POEMA 17.º]

Reflota este amor que no me explico,
algo retumba en mi cerebro cada vez
que te escucho decirme que no,
rebrota el trébol en el patio
y no es de cuatro hojas.

MINUTO 29. [POEMA 82.º]

Giras de vida como un girasol,
cambias de sentido cual vehículo
en una carretera cualquiera con un cruce
de fatales caminos contrapuestos,
alternas de vial igual que un tren
en la terminal de salidas multinacionales;
si todavía no enloquecí por eso
es porque hacía tiempo que sabía que lo hacías.

MINUTO 31. [POEMA 65.º]

Todavía no sé
quién de los dos lo hace peor:
tú por simular que ya no te importo,
o yo por dar a entender que eso no me importa.

MINUTO 32. [POEMA 70.º]

Me tienes cogido del corazón como si fuera
una pesada bolsa plástica del hipermercado.

MINUTO 33. [POEMA 43º]

Ciego de ti, me golpeo
con las esquinas de la habitación,
las patas de la cama,
las aristas de mi propio corazón.
Ciego de ti,
la vida se me queda a oscuras.

MINUTO 34. [POEMA 62.º]

Desde que te fuiste
todos los días parecen el mismo,
cada amanecer me recuerda que huiste,
los atardeceres caen
en el acantilado de tu abismo.

MINUTO 35. [POEMA 58.º]

Cuando despierto a deshora
y hay una mujer en mi cama,
me parece que esta y aquella
son iguales a muchas otras mujeres;
pero ninguna se parece a ti.

MINUTO 36. [POEMA 94º]

Naufragué a miles de millas náuticas de ti.

Ahora,
para regresar a las playas de tu cuerpo
tendré que pedir prestado
un cuaderno de bitácora
que no hable de nosotros,
que solo registre el océano de tus ojos
y los acantilados de tus piernas,
tus dulces y doradas piernas.

MINUTO 37. [POEMA 50.º]

Alguien me dijo
que tu boca hace tiempo
que compró un billete de ida
hacia un lugar llamado
Aire de por Medio.

MINUTO 38. [POEMA 41.º]

Sálvame,
sálvame si puedes
con tu aroma a membrillo en *plenoestío*,
con caricias sin objeto,
con besos sin mordisco;
sálvame si quieres, sálvame contigo.

MINUTO 39. [POEMA 7.º]

Extraño, pero cierto, te extraño.
Extraño nuestras conversaciones
cargadas de misterio
como el revólver de una ruleta rusa;
un cruce de miradas en flechas venenosas
humedecidas con su antídoto;
los puñales de caricias y caries por delante,
el duelo de palabras cargadas de palabras al alba...

Extraño, pero cierto, nos extraño.

MINUTO 42. [POEMA 22.º]

Se ve que hace tiempo
que gasté la cuantía de tus besos,
como si hubiera tocado techo
en la cuota de pantalla
de un programa televisivo
emitido por la competencia
en *prime time.*

MINUTO 43. [POEMA 37.º]

Creo que nunca compartiré
un apartamento contigo:
no pelearemos por el uso de la ducha
antes de ir a trabajar,
no te quejarás de mis ronquidos,
ni dirás jamás
que dejo la escoba sin sacudir;
no discutiremos por la música
que escuchar cenando en el balcón,
ni por la película
que ver antes de dormir.

Lo mejor de todo es que no tendré
que recitarte este poema
para que encuentres una excusa
con la que hacerme el amor
antes de apagar la luz de tu mesilla
y estirar la manta.

MINUTO 44. [POEMA 42.º]

Con el tiempo descubrí
que eres una mujer
a la que amar en lejanía,
atar en largo,
contemplar en silencio,
desear sin sufrir,
tocar apenas con el pensamiento;
con el tiempo descubrí
que eres la distancia hecha mujer.

MINUTO 45. [POEMA 8.º]

«Deja de pensar en ella»,
dice una voz dentro de mí,
«deja de pensar».
Y eso es justamente lo que hago:
pensar en la piel de ella,
la sonrisa de ella,
las piernas de ella,
la vida interior de ella.

«Deja de pensar»,
«deja de pensar en ella»,
dice la voz dentro de mí,
y es justamente lo que no hago.

MINUTO 46. [POEMA 64.º]

«Si te engaña, ámala».
«Si te rechaza, ámala».
«Si te hace llorar, ámala».
«Y si te rompe el corazón,
también ámala».
Es la voz de mi conciencia
y tengo por costumbre
no llevarle la contraria.

MINUTO 47. [POEMA 5.º]

Odio las noches,
la soledad en mitad de la oscuridad,
el cigarrillo tras otro,
la canción repetida en la *playlist*
y las volteretas con tu recuerdo
en nuestra cama.

Odio las noches,
su cuchillo apenas compasivo,
su terca obstinación por volver a envolverme
al final de cada día soleado.

MINUTO 48. [POEMA 69.º]

Salgo a las calles buscándote,
recorro avenidas esperando encontrarte,
cruzo las plazas para verte,
atravieso los parques
deseando tropezarme contigo...

Camino ciudades enteras dando palos de ciego.

MINUTO 49. [POEMA 73.º]

Pasé la vida sin saber
que eras tú lo que buscaba.
Ahora que te has ido
no sé bien adónde miro.

MINUTO 50. [POEMA 23.º]

El perfume de tus piernas,
tanto tiempo después
de la última vez
que paseé al borde de ellas,
sigue grabado en mi memoria olfativa,
junto a sexos diversos,
frituras, cigarrillos, inciensos
y otras fragancias de difícil olvido.

MINUTO 52. [POEMA 110.º]

Contigo ya son más
las pérdidas que las ganancias,
los impuestos que las propinas,
las decepciones que las esperanzas,
las tristezas que las alegrías;
como un restaurante en crisis,
será mejor que cierre la puerta
y entregue las llaves
al Banco Hispano Americano.

MINUTO 53. [POEMA 46.º]

Eras la rama
de la que agarrarme para no caer,
el tronco en el que apoyarme
en mitad del camino,
mi raíz y mi fruta.
Ahora, en un bosque sin árboles,
me tiendo en la tierra quemada y lloro.

MINUTO 54. [POEMA 51.º]

Me has vuelto cauto,
me has atado a un retén
de sentimientos encontrados,
has amortajado mis palabras de erotismo
y amordazado mis manos
para que no puedan tocarte.
Ahora,
perdido en una frontera que no es mía,
me tropiezo con las cosas que desconozco,
buscándote.

MINUTO 55. [POEMA 16.º]

El teléfono que no suena,
los mensajes que no llegan,
la cita que no propones...

Y sigo esperándote
como si fueras el tren
que trae a Godot
sin detenerse jamás
en esta insulsa pedanía vacía.

MINUTO 56. [POEMA 32.º]

Tú tan dura
y yo tan frágil,
que me rompo
como una copa de vino
mal calzada en el fregadero;
abre el grifo hasta el límite
y verás como me vengo abajo
haciéndome añicos de murano.

MINUTO 59. [POEMA 107.º]

Poquito a poco te voy olvidando,
poquito a poco te voy recordando de nuevo
en un vaso de *whisky* que sube y baja,
ahogándome más cada vez que lo miro;
ya no sé si está medio lleno o medio vacío.

Poquito a poco sigo nadando...

MINUTO 60. [POEMA 104.º]

No puedo ser más sincero esta noche;
no puedo evitar decirte, por ejemplo,
que me has dejado roto
con tu «nunca más»,
que has extendido mi pecho
a ambos lados,
extirpado un costillar,
me has expoliado el alma
y extraído el corazón.

No puedo ser más sincero esta noche...

MINUTO 62. [POEMA 105.º]

Maldigo el lento pasar de las horas,
el estático batir de las olas.
Los días se hacen más largos sin ti,
los paisajes marinos se detienen ante mí
como si yo fuera Joseph Mallord Turner
sin lienzo ni pincel.

MINUTO 65. [POEMA 63.º]

Tú, con tu tierna elegancia,
me haces más tierno y elegante;
con tu dulce belleza más bello y dulce,
pero al alejarte me vuelves
distante y esquivo de ti.

MINUTO 66. [POEMA 90.º]

(«She got my way»).
La amo y es por eso
que tiene mi camino vital en sus manos;
y yo dejo que haga y deshaga
cual hechicera del tiempo
en esta trama universal
que salta a través de las décadas,
sin saber jamás cuántas semanas
estaremos juntos cada vez
que sin embrujo alguno la amo.

MINUTO 67. [POEMA 100.º]

Así como la luz del sol
nos alegra el día
maltratando nuestra piel
y nuestras células al mismo tiempo,
así te comportas tú conmigo.

MINUTO 68. [POEMA 78.º]

Cada noche llego a casa
y la Nada espera tras la puerta;
la Esperanza hace tiempo
que cambió de residencia,
los últimos registros municipales
la sitúan empadronada
en los barrios bajos de la ciudad,
muy cerca de un pantalán
desde el que pueda reservar pasaje
en un transatlántico
que la aleje aún más de mí.

ACTO III
DESENLACE

Me hice el despistado;
y sobre tu mesa de noche,
entre condones usados y lubricantes varios,
me dejé olvidada mi esclava de sangre;
y con ello te dejé extraviada
parte de la sangre de mi sangre
para que olieras oxidado y a sangre
el despertar sin mí y sin mi sangre.

MINUTO 69. [POEMA 4.º]

No volverán los besos a mordiscos,
las caricias bajo la mesa,
el sexo a deshoras...
No volverás a iluminarme
con tu luz ambarina
y no volveré a desearte
en nada nada conmigo.

MINUTO 70. [POEMA 30.º]

Mi camisa,
raída por el tiempo
que pasó sin ti,
aún huele al tiempo que pasó en ti.

MINUTO 71. [POEMA 83.º]

Recuérdame,
recuérdame cuando bebas
un vino en copa de Borgoña,
cuando pasees por un sendero entre fayales,
cuando sumerjas tus pequeños pies
en un charco salado y verde...

Recuérdame haciendo todo eso
como yo te recuerdo en todo instante
sin hacer nada.

MINUTO 73. [POEMA 31.º]

Ocupas corazones,
voy a los juzgados,
contacto con Legálitas...

Nada importa ya,
ya solo hay papeleras
donde antes hubo selvas.

MINUTO 74. [POEMA 102.º]

Los grilletes y la cadena
que a ti me ataban
fueron ensamblados
en la mejor herrería de la región,
así de enganchado estaba mi corazón al tuyo.

MINUTO 75. [POEMA 77.º]

Jamás quise que me cedieras tu espacio,
que me concedieras tu tiempo;
lo que de verdad siempre quise
fue que me otorgaras
un centímetro contra tu piel
y un instante enfrentado a tu mirada.

MINUTO 78. [POEMA 87.º]

Todo lo que a ti y a mí
nos ha sucedido juntos
no cabe en los cuadernos
de dos vidas.

MINUTO 79. [POEMA 92.º]

Tu corazón era de miel,
no sé por qué cristalizó.

MINUTO 80. [POEMA 60.º]

Tu tierra y tu mar
son también mi tierra y mi mar,
pero nunca pisamos a doble zancadilla,
nunca nadamos de la mano.

MINUTO 81. [POEMA 85.º]

Miro constelaciones,
escucho sus canciones generacionales,
amago un llanto, bebo...

MINUTO 82. [POEMA 96.º]

Muros que otros derriban,
calles que deambulo
cuando todo queda desgarrado
y sé perfectamente que perdí
lo mejor que pude tener.

Solo me queda resignarme y pensar
que, quizá algún día, regreses
por la puerta principal
del centro comercial.

MINUTO 83. [POEMA 61.º]

Amé contra todo pronóstico,
contra toda esperanza,
sin vida y a muerte...

Te amé contra todo
y contra todos.

MINUTO 86. [POEMA 98.º]

De ti me quedo
con una sucesión
de éxitos y fracasos,
esperanzas y decepciones,
alegrías y heridas;
de ti me quedo
la bipolaridad del cosmos.

MINUTO 87. [POEMA 6.º]

Sí, la quise, ahora sé cuánto:
estaciones, años, lustros, décadas...
Pero ella jamás me dio tanto tiempo.

MINUTO 88. [POEMA 109.º]

Porque nada se detuvo ni se detendrá jamás,
albergo la ilusión de que sea al fondo
el batiscafo de tu océano
el que me encuentre en el final
del abismo que te espera:
lleva mi nombre
y conduce a tu olvido.

MINUTO 89. [POEMA 103.º]

Llegaste como un pájaro,
común o colibrí nunca lo supe;
me comiste la mano
y te alejaste alzada
ya como un ave del Pleistoceno.

MINUTO 90. [POEMA 1.º]

Yo ya no lloraba,
era lluvia lo que colmaba mis párpados.

UN POEMA GIGANTE
COMO UN AVE DEL PLEISTOCENO

Y en mi locura he hallado libertad y seguridad;
la libertad de la soledad y la seguridad de no ser comprendido,
pues quienes nos comprenden esclavizan una parte de nuestro ser.

Gibrán Khalil Gibrán

Entre las ramas de un árbol
encontré un nido de intrincadas briznas;
y entre las briznas que hacían imposible el nido
hallé un pájaro libre y recién nacido.
Y cuando ya me iba, mirando de reojo,
dentro de cada ojo del pájaro
tropecé con el corazón de un hombre,
y ese hombre era yo, todavía libre y renacido.

UN POEMA GIGANTE COMO UN AVE DEL PLEISTOCENO

Si no fuera por mi última pesadilla
no disfrutaría de / no cocinaría lo que /
no habría hecho el... /
No te estudiaría ahora cada gesto.

Y es que,
si no fuera por mi última pesadilla
no te amaría como te amo
en este tren rápido
con destino a ningún lugar.
¿Será por eso que me acompaña
hoy tu tiempo lento,
tu pasar sin hacer ruido,
tu inmensa y eterna pausa del momento?

No, en realidad
es por aquella estancia en el infierno
y porque después de todo
me encontré con el verano
despierto todavía
al final de una calle en sombras;
siendo el lugar al que voy
el lugar que conozco
como hogar,
ese lugar que está ahora

en mi mente y en mis ojos,
ese país de las maravillas
que aún no conozco;
ese «Estado» al que llegaré algún día
y que se llama el Imperio de tus Besos;
será tocando yo tu pelo
con un dedo aún dormido
por el cansancio del viaje.

Y en el espejo que habrá sobre el lavamanos
de alcoba de aquel alcázar de leyenda
alguno de nosotros escribirá:
«Arrebólate a mí
aunque no estés aquí».
«¡Feliz jueves, amor!».
«Solo quiero un día normal».
«Gracias por existir».
«Siento, luego existo. ¡Buenas tardes!».
Y ahí acabará todo
hasta que alguien
coja una toalla raída por el uso
y borre el espejo
para que el discurso de esta trama
comience de nuevo: una tiza,
nuevas palabras no dichas,
poesía de baño en las letrinas manchadas
de una estación de servicio
en la autopista comarcal.

Entonces, será el tedio de tu ausencia,
cada mañana de un día cualquiera,
cada hora que recorra entera,
cada instante preciso sin ti,
lo que deba aprender a soportar
gracias al café que dejes recién hecho
cuando te vayas sin decir nada,
y a la mezcla improbable
de tu beso-despedida
con el aroma a cigarrillo de liar
—como se lían el beso y el cigarrillo—
que saboreo al despertar.

Ese día, amor, ese día
si tú quieres llegará;
y podremos andar juntos en la oscuridad,
podremos bailar juntos en la oscuridad;
podremos, incluso, vivir eternamente a oscuras
paladeando los vientos en la fresca noche
que derrota tus párpados,
si acaso es esto lo que quieres.

Pero no, eso sí que no,
jamás permitas que yo te ate a mí
en el fondo del hoyo
de ese laberinto de cipreses
de almas perdidas que no regresarán.

Al final, te veré al final
de la escapada de Godard
y al final del exilio
de Luis Buñuel en México D.F.,
durante la despedida
del año de las lágrimas
y al comienzo del año de sonrisas,
porque a veces veo mis ojos
contenidos en los tuyos
a primera hora del día.

Y te pido que toques
las ventanas de mi alma:
«Toca las ventanas de mi alma;
hazlo en círculos,
círculos de aire inocentes como el aire;
cristal en polvo
haciendo ventanas de mi alma»,
como óleo de carbón
para los frescos negros
de Francisco de Goya,
ahora atrapado en el paseo del Prado.

Porque aún sigo llorando amargamente
en el fondo de esa otra letrina,
esta vez neogótica,
en la que caí ayer
de bruces con la realidad,

cansada realidad de tabaco
y sueños vueltos del revés.

Tú dices:
«Tres meses de vidrios rotos
no se borran en tres días
de sol llenos de sol».
Y sé que tienes razón,
siempre sueles tener razón.

Solo necesito un aspirador de mano
con el que puedas tocar
las ventanas de mi alma,
y volver como volvió
el tiempo a mi reloj,
el minutero a tus manos,
las horas a la pantalla,
los días a sudar
de tanto hacer al volver.

«Hazlo mejor, haz lo mejor»,
dice mi corazón;
y la mente ordena a estas manos
que lo hagan peor,
que hagan lo peor.
Pero tú esperas en silencio
sin juzgar jamás
lo que es bueno y lo que no,

premiando el resultado
con tu beso incondicional
apenas condicionado por el hecho
de que al final haya algo hecho.

Y de nuevo el espejo que me habla:
«Arrebólate a mí aunque no estés aquí».
Y por toda respuesta,
más que suficiente,
la verdad sea dicha:
«Amo que este espejo esté lleno
de tópicos de enamorados, "muack"».
Y una orden de justicia:
«Ve tú, te lo mereces».
Luego, el espacio queda vacío
para caras llenas,
miradas líquidas y palabras nuevas
que no se sienten todavía
en la tiza de color.
Ese espacio que me recuerda
que me regalaste hace tiempo
el tiempo que cabe
en un reloj de arena
a la ribera del río,
y ahora, será por eso o por lo otro,
soy el rey del tiempo que queda
fuera de los relojes de arena,
lo que permite que mi voz

ya no caiga como el plomo
y que mis párpados no se abran más
ante el paso brutal de las lágrimas
cual presa derrotada
por las fuerzas naturales.
Que mis manos no se quiebren
ante el peso de lo real,
manos que ahora sostienen una vida y otra,
y las que haga falta.
Párpados que se pliegan biposicionales
y dan paso a la luz del día.
Voces múltiples, según contenido,
cual contenedor de basura reciclable,
que gritan: «Esto es real,
esto es la vida,
esto es amor.
Esto es real,
esto es la vida,
esto es amor...».

Tan real como el hierro y la madera,
porque de hierro y madera
están hechos nuestros gestos:
madera en cada caricia,
en cada noble gesto de madera noble;
de hierro se forja una pasión
que trasciende milenios
de guerras pretéritas

y llantos futuribles
para llegar a nosotros/as dos
—uno en los brazos de la otra,
la otra en los brazos del uno—
y quedarse guardada,
junto a la ternura del cuero,
en una cajita de hierro y madera.

Índice

UN POEMA GIGANTECOMO UN AVE DEL PLEISTOCENO

Este libro se terminó de editar en Granada
en junio de 2025 por

www.aliarediciones.es
info@aliarediciones.es